DOCUMENTS

SUR

LE SIÈGE DE METZ

EN 1552

Extrait du *Bulletin de la Société de l'Histoire de Paris et de l'Ile-de-France*, 1885, 5e et 6e livraisons.

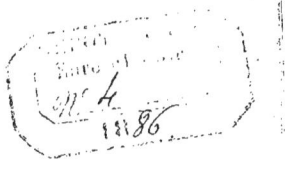

DOCUMENTS

SUR LE

SIÈGE DE METZ

EN 1552

PUBLIÉS D'APRÈS

LES REGISTRES DU BUREAU DE LA VILLE DE PARIS

PAR

FRANÇOIS BONNARDOT

SOUS-INSPECTEUR DU SERVICE HISTORIQUE

PARIS
1885

LE SIÈGE DE METZ

EN 1552

D'APRÈS LES REGISTRES DU BUREAU DE LA VILLE DE PARIS.

La reddition de Metz au pouvoir de Henri II, et surtout la défense héroïque de cette cité contre Charles-Quint, a fait le sujet d'un grand nombre d'écrits historiques, depuis le milieu du xvie siècle jusqu'à nos jours. Un événement d'une telle importance, si considérable et par lui-même et par ses conséquences, ne pouvait passer inaperçu de la population parisienne, familiarisée plus que celle de toute autre ville avec les choses de gouvernement et la conduite des opérations de guerre, en raison des rapports plus fréquents de son Magistrat avec la Couronne. De ces rapports, pour ainsi dire continus, les *Registres des Délibérations du Bureau de Ville*, édités par les soins du Service historique, nous ont conservé les précieux témoignages, le plus souvent sous la forme de lettres missives adressées à l'Échevinage par le Roi ou ses grands officiers. Ces documents, d'une grande valeur historique, n'existent plus en original, du moins ceux de la période la plus ancienne, aucune minute des actes municipaux n'étant antérieure à l'année 1551[1]. Dès lors, ils ne se retrouvent plus que dans la copie exécutée par le greffier du Bureau ; et, par suite, l'impression intégrale des Registres, résolue par l'Administration municipale[2], apportera une contribution considérable non seulement à l'histoire particulière de la cité parisienne, mais encore à l'histoire générale de la France, à laquelle la première a été si souvent et si intimement mêlée.

1. Pour plus de détails sur la composition des *Registres des Délibérations*, voy. notre Avant-Propos au volume I, imprimé (1883) dans la *Collection de l'Histoire générale de Paris*.
2. Le Conseil municipal, par sa délibération du 5 août 1880, a décidé l'impression immédiate d'une première série des Registres, depuis les origines jusqu'à la mort de Henri IV. Cette publication, qui embrassera un peu plus d'un siècle (1499-1610), se poursuit avec activité : le volume I est imprimé (1499-1527) ; les volumes II, III et IV sont sous presse (1527-1558).

Ces considérations s'appliquent de tous points aux événements politiques et militaires relatés dans les documents que nous publions plus loin. La campagne des Trois-Évêchés est certes l'un des faits les plus considérables de l'histoire de notre pays; et, à ce titre, elle a été étudiée et exposée en détail dans nombre d'ouvrages spéciaux et de traités techniques, mais où jusqu'à présent le point de vue général avait été seul abordé. La relation des *Registres du Bureau* ajoute quelques circonstances particulières ; elle emprunte d'ailleurs une autorité spéciale au nom de l'auteur de la correspondance échangée entre la Cour et le Bureau de Ville : c'est le connétable de Montmorency qui signe les lettres où il est donné connaissance des faits de la campagne, des succès des troupes royales, de la prise successive des places fortes de Lorraine et d'Ardenne, de l'entrée dans Metz et des premiers détails sur sa défense mémorable. Les réponses émanées du Bureau montrent jusqu'à quel point la population parisienne était impressionnée et même agitée par ces faits de guerre[1], et avec quelle prudente fermeté le Magistrat

---

[1]. Maintes fois dans sa correspondance officielle, le Prévôt des Marchands expose l'état d'esprit de la population parisienne et prie le Roi ou le Connétable d'envoyer le plus souvent possible « des bonnes nouvelles des affaires », afin de calmer l'émotion publique, sans doute fomentée par des émissaires étrangers. C'est ainsi que dans une lettre du 24 octobre 1552, après avoir demandé au duc de Montmorency de le « faire participant des nouvelles », le Prévôt motive son insistance en ces termes : « Et vous advisons bien que
« ce ne seroient pas lettres perdues, mal employées ou mal adressées, prin-
« cipallement pour obvyer aux nouvelles qui sont sinniéez et publiéez au
« Palais et autres endroictz de ceste dicte ville, qui peuvent engendrer de
« mauvaises fantaisies, corruptions et oppinions aux hommes restés en ceste
« dicte ville, qui ne sont pas d'ung mesme pays (Allusion aux trafiquants
« flamands dont il est question ci-dessous, VIII). Une seulle lettre du Roy
« et de vous publiée, ainsy comme il se peult et doibt faire, discrètement,
« rabattera tout le bruit et toutes les nouvelles qui pourroient avoir esté
« percées » (Reg. H 1782, fol. 30 v°). — Dans une lettre adressée au Roi, le 25 octobre, le Prévôt annonce qu'il s'est empressé de communiquer les bonnes nouvelles qu'il avait reçues aux Conseillers et Quarteniers « pour les
« en faire participans, et consequemment leurs voisins, parens et amys, pour
« leur donner occasion d'en dormir myeulx et en plus grande sureté, et à
« leur reveil eulx trouver delivrez de toutes leurs fantaisies et ymaginations
« qu'ilz avoient peu ymaginer et amasser ces jours passez » (Reg. H 1782, fol. 36 v°; Reg. H 1783, fol. 15 r°). — Mais c'est surtout lors de la nouvelle de la prise de Hesdin par les Bourguignons (5 novembre) et de la marche en avant des troupes impériales, que l'agitation, ou, pour rapporter la parole même du prévôt de Thou, la « trépidation » publique fut à son comble. Les termes de sa missive du 9 novembre, adressée au Connétable, témoignent d'une certaine inquiétude que l'heureuse issue de la campagne dissipa à court terme. Voici ce passage intéressant sur l'état moral de la cité parisienne : « Mond. s^r le Cardinal nous a ce jourd'huy monstré lettres que le Roy luy
« avoit escriptes en datte du ve jour de ce moys (voy. ci-dessous, X et XI).
« Nous n'avons rien obmis de ce que nous avons deu faire pour nostre

devait agir pour rassurer les esprits et cependant obtenir les subsides nécessaires à la conduite des opérations. Les cérémonies religieuses, les fêtes solennelles célébrées à l'occasion des victoires du Roi, viennent à leur date dans la suite de nos textes qui s'arrêtent naturellement avec la relation de l'imposante cérémonie de la « remonte des Corps Sainctz » à l'abbaye de Saint-Denys, et avec la procession « faicte par le Roy pour louer Dieu et luy rendre « graces de sa nouvelle queste ». Cette solennité eut lieu six jours après la levée du siège de Metz par Charles-Quint (1er janvier 1553) ; elle consacra la cession des pays évêchois au royaume de France, auquel l'histoire les montre rattachés par la communauté de race et d'esprit, communauté affirmée par celle du langage, dont les témoins figurent parmi les plus anciens monuments de notre langue nationale[1].

Les documents dont on vient de lire le sommaire succinct sont tirés des Registres cotés, aux Archives Nationales, H 1781 et H 1782-1783 ; ils embrassent une période d'à peu près 10 mois, d'avril 1552 à janvier 1553.

I. — Lettres envoyées a la Ville par Monseigneur le Connestable.

16 avril 1552. (Reg. H 1781, fol. 278 v°.)

Du samedy xvie jour d'Avril mil v° LI, veille de Pasques.
Au jourd'huy ont esté receues au Bureau de la ville de Paris deux lettres missives, dont la teneur ensuit.

La première de ces lettres, datée de Thou (Toul) le 7 avril, est relative à des approvisionnements en salpêtre et en poudre que le Connétable demande à la Ville de lui fournir.

« acquict et descharge, conformement au bon vouloir et intention du Roy, à
« quoy nous ne fauldrons tousjours à nous conformer comme ceulx qui
« désirent estre et demeurer ses trés humbles, trés obeyssans et trés affec-
« tionnez subjectz. Nous ne povons pas faire que à une ville si grande et de
« telle liberté, qu'il n'y ait aussi grande liberté aux langues et propos et
« que chascun n'en preigne pars où bon luy semble ; mais en tout ce qu'il
« nous sera possible, nous nous efforcerons et mettrons peyne que les choses
« seront entretenues et à la vérité, suyvant ce qu'il a pleu au Roy en avoir
« escript, et que ses (sic) parolles legieres et oisives nè soient si aisiement et
« facillement dispercées » (Reg. H 1783, fol. 46 v°). — Le document ci-dessous, XIV, est en maints endroits le commentaire historique des appréciations morales formulées par Christophe de Thou.

1. Voy. à l'appui, entre autres, mon rapport sur les *Chartes françaises de Lorraine et de Metz*, dans Archives des Missions, 1873 ; et le mémoire de M. Aug. Prost, intitulé *La Lorraine et l'Allemagne*, servant d'introduction historique à l'ouvrage LA LORRAINE, in-4°, Paris et Nancy, 1885.

SECONDES LETTRES. — ENTRÉE DE METZ.

11 avril.

« Messrs, suyvant ce que je vous ay puis n'a gueres escript, j'ay faict si bonne dilligence que hier dès les huit heures du matin, j'arrivé davant cette ville où, graces à Nostre Seigneur, les choses furent conduictes de sorte que sans aucun effort j'entray l'après dinée dedans, si bien acompaigné que le Roy se peult asseurer que à son arrivée il y sera aussi bien receu qu'en ville de son Royaulme[1], et y pourra commander comme maistre et seigneur, ayant maintenant par ce moyen alongé la frontiere de Champaigne de beaucoup, et mys ung pied dedans l'Allemaigne pour y entrer et en estre secouru de ses amys et alliez quant l'occasion s'i offrira ; et d'avantage pourra d'ore en avant si bien serrer le Luxembourg[2] que de ce costé là ne devez avoir aucune doubte que l'Empereur vous puisse plus donner de crainte, comme aussi j'espere qu'il ne sera d'ailleurs, car l'ayant le duc Morice[3] et autres princes allemans ses alliez prevenu, comme ilz ont estaus à trois petites journées de luy, il est impossible qu'il ne se treuve merveilleusement empesché et estonné, veu mesmement le peu de gens qu'il a et qu'il n'en peult recouvrer quelque peyne qu'il y mette, chose qui donne tel espoventement à tous ces quartiers de deçà, joinct la venue du Roy avec une si belle armée, que Sa Magesté ne sauroit myeulx desirer pour l'accroissement de sa grandeur et seureté de ses subgectz ; de quoy j'ay bien voullu vous advertir, comme les principaulx et plus affectionnez, tant pour l'aise et plaisir que je suis seur que ce vous fera, que aussi affin que vous vous mettez tous en devoir d'en rendre graces condignes à Nostre Seigneur, auquel seul la gloire en doibt estre atribuée. Et de ma part, je le suppliray, Messrs, qu'il vous ayt en sa trés saincte garde.

« De Metz, ce xie jour d'Avril mil ve li avant Pasques. »

GORZE[4] PRINSE D'ASSAULT.

« Messrs, depuis la presente escripte, Monsr d'Aumalle[5], les srs de

---

1. L'entrée de Henri II à Metz eut lieu le 18 avril, huit jours après la prise de possession par le Connétable.

2. Sur les opérations militaires dirigées contre la marche de Luxembourg, voy. les documents cotés ci-dessous IV, V, VI.

3. Maurice, électeur de Saxe, chef des princes allemands confédérés contre l'Empereur dans la campagne qui aboutit à la trêve de Passau, bientôt suivie de la paix d'Augsbourg (1555).

4. Le Registre porte, ici et plus bas : *Gauze*. — Gorze, célèbre abbaye fondée au viiie siècle par saint Chrodegang, était enclavée dans le pays Messin. L'abbé de Gorze, qui exerçait les droits régaliens, fut compris par le traité de Cateau-Cambrésis au nombre des alliés du roi de France.

5. « Monsr d'Aumalle » : voy. ci-dessous, page 14, note 3.

Chastillon[1] et conte Raingrave[2] que j'avoys davant Gorze, après y avoir faict tirer cinquante coups de canon et faict bresche, l'ont prinse d'assault ; et ont esté hachez en pieces vii ou viii^{xx} hommes qui estoient dedans, entre lesquelz y avoit quelques Espagnolz dont quatre seullement ont esté prins pour estre penduz et estranglez, ainsi que le merite leur outrecuydance d'attendre le canon dedans une si foible place contre l'armée d'ung si grant Roy, à fin que ce soit exemple aux autres.

« Vostre bien bon amy,

« Montmorency. »

A la première lettre du Connétable, le Bureau fit réponse qu'il était prêt à aider le Roi des provisions de poudre et de salpêtre que la Ville pourrait avoir en magasin : ce qui fut fait quelques jours plus tard, contre quittance délivrée par Maciot, receveur des salpêtres, au receveur municipal.

TE DEUM LAUDAMUS CHANTÉ POUR L'ENTRÉE ET JOISSANCE DU PAYS DE LORRAINE.

Et quant à la seconde lettre, incontinant qu'elle a esté receue, mesd. S^{rs} sont allez en l'eglise Monsr St Jehan en Greve, vestuz de leurs robbes my parties, acompaignez de leurs sergens et plusieurs officiers et bourgeois d'icelle Ville ; et ont esté en procession à l'entour de l'Ostel de lad. Ville par dedans le St Esperit, retournant en lad. eglise St Jehan où estoient tous les prebstres d'icelle. Et là fut chanté le *Te Deum* solempnellement et faict plusieurs prieres pour le Roy et la Royne qui estoit malade.

II. — Lettres de Monseigneur le Connestable.
29 mai 1552. (Reg. H 1781, fol. 289 v°.)

Du xxixe May mil v^c lii.

Au jourd'huy ont esté receues lettres de Monseigneur le Connestable, dont la teneur ensuit :

A Messrs les Prevost des Marchans et Eschevins de la ville de Paris.

23 mai.

« Je vous veulx bien advertir comme tous les affaires du Roy se

---

1. Gaspard de Coligny, sieur de Chastillon-sur-Loing, amiral de France, gouverneur de Paris. Les lettres qu'il adresse au Bureau en cette dernière qualité sont presque toutes signées du nom de « Chastillon ».

2. Philippe-François, Rhingrave, 1518-1561.

portent bien de tous costez, et comme ce jourd'huy led. S^r est arrivé en ce lieu où j'estois venu davant ; et prendrons resolution de toutes choses pour avoir nostre revenche du peu de dommage qu'a fait l'armée de la Royne de Hongrye[1] en la frontiere de Champaigne, et marcherons droit pour l'aller trouver.

« C'est du camp près la ville de Valdrevange[2], ce lundi xxiiie jour de May mil v^c lii.

« Vostre bon voysin et ami,

« Montmorency. »

III. — Procession generalle.

19 juin 1552. (Reg. H 1781, fol. 291 r°.)

prinse [de] danvillers.

Du dimenche xixe jour de Juing mil v^c lii.

Au jourd'huy, suyvant les mandemens le jour d'hier envoyez[3] à Messrs les Conseillers, Quarteniers et deux notables Bourgeois de chascun quartier, avec les trois bandes d'archers, arbalestriers et hacquebutiers, Messrs les Prevost des Marchans, Eschevins et dessusd. sont partiz à sept heures du matin, vestuz de leurs robbes my parties, pour aller à la procession generalle avec la Court de Parlement et Chambre des Comptes, suyvant le mandement du Roy, pour rendre graces à Dieu de plusieurs victoires que led. S^r a eues depuis peu de temps sur ses ennemys, mesmes pour la prinse de la ville [de] Danvillers. Et sont allez mesd. S^{rs} à la Saincte Chappelle où estoient mesd. s^{rs} de la Court et des Comptes qui attendoient l'Evesque et Chappitre de Paris, pour lad. Saincte Chappelle aller à l'entour de la Cité et dire la grande messe en l'Eglise de Paris. Mais après que mond. s^r l'Evesque de Paris acompaigné de tout son Clergé et gens d'Eglise, revestuz de belles et riches chappes portant plusieurs beaulx reliquaires mesmes le chef Monsr Sainct Philippes et le tableau Sainct Sebastien avec la Saincte Croix de Nostre Seigneur portée soubz un ciel, sortis de lad. Eglise de Paris, tournans par les rues tappissées de belles tappisseries jusques à l'entour du Cloistre et rue de la Magdeleine, pour aller en lad. Saincte Chappelle querir mesd. S^{rs}, est tombé si grosse pluye qu'ilz ont esté contrainctz retourner dedans

---

1. La reine de Hongrie : Marie (1505-1558), sœur de Charles-Quint, femme de Louis roi de Hongrie et de Bohême, veuve en 1526, gouvernante des Pays-Bas (1531-1555).

2. Vaudrevange, sur la Sarre, petite place située entre Bouzonville et Sarrelouis.

3. Le Bureau avait fait expédier ces mandements en vertu de certaines lettres du Connétable, sur lesquelles voyez le début de l'article suivant.

lad. eglise Nostre Dame et faire la procession dedans icelle eglise ; ce que mondit Sr de Paris a envoyé dire à lad. Court par mons^r le Chantre. Puis lad. pluye cessée, mesd. s^{rs} de la Court des Comptes et generaulx de la Justice sont partis de lad. Ste Chappelle, et fut portée la Croix de victoire dessoubz ung ciel, et sont allez jusques en l'eglise Nostre Dame. Et marchoit la Court de Parlement du costé dextre et derriere culx mess^{rs} les generaulx de la Justice, et du costé senestre marchoient mess^{rs} des Comptes et de la Ville ; et prindrent leurs places dedans le cueur en cest ordre, ouquel fut celebrée la messe de la Croix par mond. Sr de Paris ; après laquelle ditte sont allez baiser lad. vraye Croix. Puis mesd. Srs de la Ville sont revenuz disner en l'Ostel de lad. Ville, en la maniere acoustumée.

IV. — Lettres de Monseigneur le Connestable,
du XXIIIe juing v^c lii.

23 juin 1552. (Reg. H 1781, fol. 292 v^c.)

prinse de denvillers [1].

A Messrs Messrs les Prevost des Marchans et Eschevins de la ville de Paris.

« Messrs, je vous ay dernierement escript [2] et faict savoir la prinse de Denvillers, et comme le Roy se deliberoit poursuyvre la bonne fortune qui se presentoit, et ne laisser perdre ceste belle occasion que Nostre Seigneur luy donne d'accroistre et augmenter la frontiere. Depuis il est venu atacher ceste place de laquelle j'espere que nous n'aurons pas moings bonne raison que de l'autre ; et ne se contentera pas seullement de ceste là, mais a deliberé de borner et estandre lad. frontiere et de ce costé et de celuy de Picardie le plus avant qu'il pourra, ayant envoyé Monseigneur de Vendosme [3] en Picardie avecques une bonne et grosse force pour resister aux dessaings de la Royne de Hongrie ; et de brief y veult faire passer une trouppe de Suisses et autres forces pour y faire quelque bon effect. »

---

1. Damvillers, siège d'une prévôté au duché de Luxembourg, fut fortifiée par Charles-Quint en 1525 ; Henri II s'en empara (juin 1552), mais la restitua cinq ans plus tard par le traité de Cateau-Cambrésis.
2. Les lettres ici visées par le Connétable n'ont point été transcrites dans le Registre, qui note seulement la procession solennelle faite en l'honneur de cette nouvelle conquête (art. précédent).
3. Antoine de Bourbon (1518-1562), deuxième fils de Charles et de Françoise d'Alençon, duc de Vendôme et gouverneur de la Picardie à la mort de son père (1537).

DEMANDE DE SALPESTRES.

« Et pour autant que je voy au mestier que nous menons que la chose dont nous avons plus affaire ce pourra estre de pouldres, je vous prie faire en service aud. S^r de faire bailler et delivrer à ceulx qui ont charge de son artilleryc à Paris, tout ce que vous aurez de salpestres et le plus que vous en pourrez recouvrer, et m'envoyer ung estat de ce que en aurez fourni pour vous en faire incontinant payer et satisffaire, dont vous n'aurez à faire que à moy qui vous veulx bien asseurer, Messrs, que led. S^r a intencion de vous faire de si bons boullevers en sesd. frontieres et les eslongner tant de vous, que les pouldres et munitions que vous garderez en voz magazins ne vous serviront de gueres sur le lieu[1] : aussi m'asseuray je que vous ne sauriez avoir plus de plaisir que de les veoir employées en si bons effectz.

« Priant Dieu, Messrs, vous donner ce que plus desirez.

« Du camp près Yvoy, le xxiiie jour de Juing mil v^c lii.

« Vostre bien bon amy,

« MONTMORANCY. »

V. — AULTRES LETTRES DUD. JOUR.

23 juin 1552. (Reg. H 1781, fol. 293 r°.)

LA PRINSE D'YVOY[2]. — ARTILLERYE TROUVÉE DEDANS YVOY.

« Messrs, depuis ce que je vous ay cy devant escript de la prinse de Damvillers, nous avons faict marcher l'armée ceste part ; et encores

---

1. Les Registres H 1782 et H 1783 renferment nombre de documents relatifs à l'invasion des Bourguignons en Picardie et Valois, durant l'automne de 1552. A diverses reprises, des demandes d'armes et en munitions furent adressées au Bureau de la ville de Paris par les maieurs de Pontoise, Compiègne, Senlis, Beauvais, Abbeville et autres places menacées ; sur quoi voy. en notre IVe volume imprimé les pages 18-42, 48-51, 61-62, 69-75, 84, 85.

2. Ivoy, petite place sur les confins de la Champagne, fut successivement possédée par les comtes de Chiny et les ducs de Luxembourg, d'où elle passa aux maisons de Bourgogne et d'Autriche. Prise en 1552, restituée en 1557, Ivoy fut reprise en 1637 et cédée à la France par le traité des Pyrénées. Louis XIV donna cette terre au comte de Soissons, de la maison de Savoye, et dès lors Ivoy changea son nom en celui de Carignan. — A la suite de la nouvelle de la prise d'Ivoy, la Ville assista au chant du *Te Deum* et à la procession solennelle d'actions de grâces, ainsi qu'elle fit à l'occasion de la prise de Montmédy (ci-dessous, art. VI). Toutefois, le Registre ne fait pas mention

que ceste place feust forte et tres bien munye de gens et de toutes provisions necessaires, et que l'on sceust bien que le conte de Mansfelt[1], gouverneur de Luxembourg et lieutenant pour l'Empereur es pays de deçà, se feust mys dedans, lequel vous pouvez bien penser qu'il n'avoit riens laissé derriere, si esse que nous n'avons voulu differer de l'assaillir ; et après avoir faict aprocher l'artillerye, elle commença hier au matin à faire batterye qui a continué si furieusement jusques à ce jourd'huy dix ou unze heures, que à mydi ceulx de dedans se sont renduz à la misericorde du Roy. Et se trouve dedans sept enseignes de gens de pied et trois compaignies de gens de cheval, trente deux pieces de grosse artillerye, infiniz vivres et munitions, et plus de trois cens hacquebuttes a croq. Ce soir led. S[r] a faict sortir les souldars le baston blanc à la main, et demeurerent les chefz et gentilzhommes prisonniers qui ne sont pas en petit nombre, d'autant que beaucoup de gens de respect avoient suyvi led. conte de Mansfelt, qui est personnage de grand nom en ce pays et fort estimé.

« Dont j'ay bien voullu vous advertir à fin que vous sachiez l'heur qu'il plaist à Nostre Seigneur donner aux affaires du Roy et que chascun l'en remercye de sa part.

« Et sur ce, Messrs, je prie Dieu qu'il vous doint tout ce que vous desirez.

« Du camp devant Yvoy, ce xxiiie jour de Juing mil cinq cens cinquante deux.

« Vostre entierement bon amy,

« Montmorancy. »

---

de cette cérémonie qui eut lieu le 3 juillet, *propter redditionem villae de Yvoi ditioni Regis*, ainsi qu'il est dit dans la conclusion capitulaire du 25 juin 1552 (Archives nationales, L 475, pièce n° 203).

1. Pierre Ernest, comte de Mansfeld (1517-1604), appartenait à la branche Huldregen de la famille de Mansfeld, possesseur du fief souverain de ce nom dans la Haute-Saxe. Il fut l'un des plus habiles capitaines de Charles-Quint. Après avoir pris Stenay (1551), il défendit Ivoy sous les ordres du duc d'Albe, et fut fait prisonnier lors de la reddition de cette ville. Gouverneur du pays de Luxembourg, Mansfeld se signala comme administrateur et comme homme de guerre ; son nom est demeuré attaché au palais qu'il édifia à Luxembourg même (ville basse actuelle de Clausen) ; il en reste quelques vestiges communément appelés « jardins de Mansfeld ».

VI. — Aultres lettres dudict S^r.

26 juin 1552. (Reg. H 1781, fol. 293 r°.)

LA VILLE DE MONTMADI RENDUE AU ROY.

« Messrs, je vous ay escript de la prinse d'Ivoy, qui est de present en l'obeyssance du Roy ; et à ceste heure vous veulx advertir comme ceste après disnée j'ay envoyay sommer la ville de Montmadi[1] qui s'est rendue aud. S^r; et ay bonne esperance que la place et forteresse de Lumes[2] n'en fera pas moings, et que moyennant la grace de Nostre Seigneur, les affaires dud. S^r prospereront de myeulx en myeulx.

« Vous aurez bien entendu comme la Royne de Hongrye a voullu allumer le feu en aucuns lieux et pays du Roy : dont trés fort me desplaist ; mais cela gardera qu'elle ne devera pas trouver estrange que si pour une maison ou village qu'elle a bruslez, il luy en sera bruslez six, de sorte que les subgectz de son pays pourront bien dire qu'elle sera cause de leur mal.

« Messrs, je supplie Nostre Seigneur vous donner en parfaicte santé trés bonne vie et longue.

« De Sedan, le xxvi° jour de Juing.

« Vostre bien bon amy,

« Montmorancy. »

FEU DE JOYE.

Ce jour a esté chanté le *Te Deum* en l'eglise St Jehan en Greve, où assisterent Messrs de lad. Ville ; et feirent faire ung beau feu de joye devant l'Hostel d'icelle, où fut tiré mains coups d'artillerye.

VII. — Processions particulieres.

Octobre 1552. (Reg. H 1783, fol. 4 r°.)

En ce temps, reverend pere en Dieu mons^r l'Evesque de Paris a ordonné à toutes les paroisses de Paris de faire processions particulieres par chascun jour de la sepmaine, c'est assavoir : trois paroisses ensemble pour le lundi, trois autres ensemble pour le mardi, et ainsi

---

1. Montmédy, sur les frontières du Barrois et du Verdunois, était le siège d'une prévôté au duché de Luxembourg. Prise, puis restituée par Henri II, cette ville fut définitivement attribuée à la France par le traité des Pyrénées. C'est aujourd'hui un chef-lieu d'arrondissement du département de la Meuse.

2. Lumes, village au canton de Mézières (Ardennes).

les autres jours de la sepmaine, pour prier Dieu pour la paix et pour la prosperité du Roy estant en son armée en Lorraine[1].

VIII. — Lettres de Monseigneur le Connestable.
30 octobre 1552. (Reg. H 1783, fol. 16 v°; Reg. H 1782, fol. 41 r°.)[2]

La première partie de cette dépêche traite des mesures à prendre contre les négocians flamands qui trafiquaient à Paris « aussi librement que s'ilz estoient propres subjets dudict seigneur Roy ».

. . . .

« Ne voullant au reste oublier à vous advertir comme led. S^r a ce jourd'huy receu lettres de Monsr le Duc de Guisc[3], par lesquelles il l'advertit que ses ennemys, depuis sept ou huit jours qu'il y a qu'i sont logez à deux mil pas de Metz, n'ont osé aprocher plus prest, ny commencé à faire tranchées, de sorte que ceulx de dedans font faire le guet à cheval hors lad. ville à mil pas desd. ennemys, sans que jamais ilz ayent faict semblant de les en voulloir desloger, se souvenant du mauvais traittement qu'ilz receurent à la saillye qui fut faicte sur eulx, quant ilz vindrent recongnoistre lad. ville, où ilz perdirent beaucoup de gens[4].

« Et sachant mond. s^r de Guise comme ilz alloient desbandez et sans ordre au fourrage, il feist saillir, il y a trois jours, mons^r le vidasme de Chartres[5], acompaigné d'un bon nombre de chevaulx,

---

1. Ce document n'est pas daté. Nous n'avons pas réussi à déterminer la date précise du mandement épiscopal. Les extraits des conclusions du Chapitre de Notre-Dame de Paris (1326-1790), colligés par le chanoine Sarrasin et classés aux Archives nationales sous la cote LL 336 à 421, font seulement mention d'une procession ordinaire en janvier 1552, sans rien donner pour l'époque de l'année où l'Empereur vint mettre le siège devant Metz. Nous n'avons rien trouvé non plus dans les registres proprement dits du Chapitre, qui font cependant mention de plusieurs solennités religieuses ordonnées en cette même année 1552, à l'occasion de faits de guerre (Voy. en fin de la note 2 de la p. 8).
2. Pour plus de brièveté, le Reg. H 1783 sera désigné dans les notes par la lettre A, et le Reg. H 1782 par la lettre B.
3. François de Lorraine, duc d'Aumale et de Guise (1519-1563), lieutenant général du Royaume, s'illustra par sa glorieuse défense de Metz contre Charles-Quint, qui fut forcé de lever le siège après avoir perdu trente mille hommes. Le siège avait duré deux mois et demi (19 octobre-1er janvier).
4. Cette escarmouche doit être rapportée sans doute à la date du 19 octobre, qui est celle de l'investissement de la place.
5. François de Vendôme (1524-1562), de la branche des princes de Chabanais, vidame de Chartres, colonel de l'infanterie après la mort de François de Gouffier, seigneur de Bonnivet (décembre 1556).

qui, à la veue de leur camp, prindrent grant nombre de mulletz, chevaulx et prisonniers qu'ilz emmenerent en lad. ville; lesquelz dient que oud. camp y a grande necessité de vivres, de sorte que l'on n'y distribue que xxv pains pour enseigne : de quoy les Italiens et Espaignolz se pleignent fort, et encores plus du payement, car il leur est deu deux payes.

« L'Empereur est à Thionville, fort malade de gouttes; lequel a envoyé l'evesque d'Arras[1] devers le duc d'Albe[2], pour luy dire le mal contentement qu'il a de ce qu'il ne use d'autre dilligence; dont il s'excuse sur le mauvais temps et grande pluye qu'il a faict depuis quelques jours par delà, telles que leurs gens sont à la boue jusques au cul, et qu'il est quasi impossible de povoir remuer leur artillerye.

« Led. Empereur s'est vanté qu'il perdera plus tost non seullement sa couronne imperiale, mais aussi sa vie, qu'il ne preigne led. Metz; et ceulx de dedans asseurent qu'ilz mourront tous plus tost qu'il y entre.

« Faisant sur ce fin, je prie Dieu, Messrs, qu'il vous doint ce que plus desirez.

« De Reims, ce penultieme jour d'Octobre mil cinq cens cinquante deux.

« Vostre bien bon amy,

« MONTMORANCY. »

Et au dessus :

A Messrs les Prevost des Marchans et Eschevins, bourgeois, manans et habitans de la ville de Paris.

IX. — LETTRES A MONSEIGNEUR LE CONNESTABLE.

1er novembre 1552. (Reg. H 1783, fol. 17 v°; Reg. H 1782, fol. 42 r°.)

« Monseigneur, nous avons receu une lettre du Roy, ensemble celles qu'il vous a pleu nous escripre en datte du penultieme jour du moys passé[3]; et nous seroit difficile, voir quasi impossible de bonnement pouvoir experimenter (sic) la joye et le contentement que auront apporté à tous ceulx de par deçà les bonnes nouvelles qui y sont por-

---

1. Antoine Perrenot, évêque d'Arras (1538-1561), premier archevêque de Malines, mourut en 1586 archevêque de Besançon, sa patrie. Antoine Perrenot a laissé un grand renom dans l'histoire du xvie siècle, sous le titre de *Cardinal de Granvelle*.
2. Fernand Alvarez de Tolède, duc d'Albe (1508-1582), l'un des plus grands capitaines du xvie siècle, conseiller de Charles-Quint et de Philippe II, gouverneur général des Pays-Bas. — Le duc d'Albe commandait les assiégeants à Metz.
3. Lettres du Connétable rapportées en l'art. précédent.

— 13 —

tées et contenues, voire qu'elles ne sauroient et ne pourroient estre meilleures pour le present.

« Nous prevoyons et presentons en nostre petit esperit et jugement de quelle importance peult estre l'entreprinse faicte par l'ennemy touchant la ville de Metz. Si esse que nous avons ceste parfaicte fiance et esperance en Dieu, premierement, qui est le seigneur et conducteur des armes du Roy, et en vostre bonne providence, sollicitude et vigilance acoustumée, qu'il n'enportera riens par dessus nous, et que nous eviterons son ire et sa fureur.

« Touchant les sauf conduitz, Monseigneur le Cardinal[1] y saura très bien pourveoir, conformement au voulloir et intention du Roy.

« Monseigneur, après vous avoir remercié trés humblement du bien et de l'honneur qu'il vous a pleu nous faire en nous faisans participans des bonnes nouvelles de par delà, lesquelles nous ne fauldrons asumer et disperser bien à propos là où il apartiendra, nous prirons nostre Createur vous donner sa grace et en santé bonne vie et longue.

« A Paris, ce jour de Tous Sainctz, premier jour de Novembre mil v^c LII.

« Voz trés humbles et obeyssans serviteurs,

« Les Prevost des Marchans et Eschevins de la ville de Paris. »

X et XI. — [Lettres du Roy et du Connestable.]

8 novembre 1552. (Reg. H 1782, fol. 45 r°; Reg. H 1783, fol. 18 v°.)

Du XIIIe jour de Novembre mil v^c LII.

Au jourd'huy, Monsr le Prevost des Marchans estans allé par devers Monseigneur le reverandissime cardinal de Bourbon, lieutenant pour le Roy à Paris, pour communicquer des affaires de la Ville, led. Sr Cardinal luy a monstré lettres du Roy et de Monsr le Connestable qu'il disoit avoir receues ced. jour : par lesquelles il avoit charge faire entendre à la Court de Parlement et aux habitans de ladicte ville, la prinse de Monseigneur d'Aumalles et du seigneur de Rohan, par les gens du marquis d'Albert; desquelles lettres la teneur ensuit[2].

Et ce mesme jour viendrent nouvelles de la prinse de Hesdin[3].

---

1. Pour ce passage, voy. en tête de l'art. VIII. — Le cardinal Louis de Bourbon (1493-1556), quatrième fils de François, comte puis duc de Vendôme. Louis fut successivement évêque de Laon (1510), cardinal (1516), archevêque de Sens (1535), abbé de Saint-Denys (1541), légat en Savoye et gouverneur de Paris et de l'Ile-de-France.

2. Au Registre 1783 (A), ce paragraphe est notablement modifié et réduit en cette forme : « ..... *pour conferer des affaires de lad. Ville, led. S^r luy a monstré lettres du Roy dont la teneur ensuit, adressantes aud. Cardinal.* »

3. Cette dernière phrase a été transcrite à une date un peu postérieure,

LETTRES DU ROY A MONSEIGNEUR LE CARDINAL DE BOURBON,
LIEUTENANT DU ROY A PARIS[1].

6 novembre.

« Mon Cousin, vous avez entendu comme, pour la longueur dont le marquis Albert[2] usoit sur l'accord et acception des parties que je lui avoys faict proposer par mes ministres deputtez à ceste fin, pour demourer en mon service ou bien aller faire la guerre à l'Empereur en ses pays patrimoniaulx ; mon cousin le duc d'Aumalle[3] se alla loger auprès de luy avec quelque nombre de ma cavallerye legere, à fin que, en atendant la derniere resolution qui se pretendoit sur led. affaire, il favorisast mes pays et empeschast que les gens dudict Marquis ne courussent et pillassent mes subjectz, ne aussy ceulx de mon petit filz, le duc de Lorraine[4], que j'ay en la mesme protection que les miens propres.

« Ce pendant se continuoit tousjours le susd. propos et pratique encommencez entre luy et mesd. ministres, sans que mond. Cousin ne luy entreprissent aucune force ny hostilité l'un contre l'autre ; le tenant mondict Cousin n'i estre entierement amy, pour le moings non comme ennemy[5].

MESS[rs] D'AUMALLE ET DE ROHAN, PRISONNIERS[6].

« Touteffoys ledict Marquis se voyant prochain du lieu dont il pouvoit aisement faire sa retraite, et ainsy que mond. Cousin estoit sur

---

sans doute le 9 novembre, date du jour où la chute de Hesdin fut annoncée à la population parisienne qui en ressentit un grand émoi.

1. Rubrique empruntée au registre H 1783 (A).
2. Albert, dit *le Belliqueux* ou *l'Alcibiade* (1522-1568), marquis de Brandebourg, servit tantôt le parti de l'Empereur et tantôt celui du Roi. Lors du siège de Metz, quelques difficultés avec le duc d'Aumale, commandant le corps de cavalerie française, l'avaient fait repasser au service de Charles-Quint.
3. Claude II de Lorraine, marquis de Mayenne, puis duc d'Aumale (1526-1573), grand-veneur, gouverneur de Bourgogne. Frère du duc de Guise, sous la conduite duquel il se signala dans la défense de Metz, il y fut fait prisonnier ; sa captivité se prolongea quelques mois.
4. « Mon petit-filz, le duc de Lorraine ». Il s'agit du duc Charles, dit *le Grand* (1543-1608). Lors de son expédition dans les Trois-Évêchés, Henri II, après avoir dépouillé de la régence de Lorraine Christine de Danemark, nièce de Charles-Quint et veuve du duc François, fit prêter serment au jeune duc Charles et l'emmena à sa cour, d'où il ne revint en ses États qu'en 1559, après la mort du Roi dont il avait épousé la fille Claude.
5. Leçon de B : *le tenant mond. cousin se ce n'estoit pour entierement amy, pour le moins non comme ennemy*.
6. Rubrique empruntée au Registre A.

son partement pour s'en revenir à Toul, où il avoit faict demeurer une partie de ses forces, l'est venu charger auprès de Sainct Nicolas[1], et l'a prins prisonnier avec mon cousin le s^r de Rohan[2] et quelque nombre de ma cavallerye qu'il avoit avec luy. Les autres se sont retirez aud. Toul, où ilz ont trouvé le s^r de Bourdillon[3] avec une bonne et grosse trouppe de ma cavallerye, deliberé de s'aller joindre avec mondict Cousin, s'il ne l'eust contremandé pour demeurer audict Thoul et escript qu'il y seroit de retour le jour mesmes que les autres y sont arryvez, estant bien asseuré que si ledict s^r de Bourdillon eust esté joinct avec luy, il ne fut tumbé en tel inconvenient, duquel j'ay bien voullu vous donner avis; et vous prie, mon Cousin, que vous le faictes entendre aux gens de ma Court de Parlement et aux Prevost des Marchans et Eschevins de ma ville de Paris, à fin qu'ilz sachent la verité comme ceste perte est passée, laquelle je pense bien que beaucoup de gens vouldront faire plus grande qu'elle n'est, Dieu mercy.

« Mon cousin, ainsy que je vous faisoye ceste despesche, j'ai receu la vostre du jour d'hier[4], et trouvé fort bon l'ordre que vous avez donnée pour faire arrester à Rouen et à Amyens les marchans flamens qui se sont retirez[5], dont j'avoye jà adverty mon cousin le duc de Vendosmois[6], duquel j'attends d'heure à autre des nouvelles, n'en ayant poinct eu depuis qu'il me manda[7] que les ennemys baptirent merveilleusement fort mon chasteau de Hesdin, lequel je tiens pourveu de si bon nombre de gens de bien que je n'espere sinon honte et dommaige[8] pour mes ennemys de telle entreprise.

---

1. Saint-Nicolas-de-Port, près de Nancy. L'engagement de cavalerie eut lieu le 28 octobre, entre les villages de Ludre et de Fléville. En ce lieu fut élevé un monument commémoratoire qui se voyait encore à la fin du siècle dernier (Durival, *Description de la Lorraine et du Barrois*, I, 38).

2. René Ier de Rohan, de la branche des Rohan-Gyé; fait prisonnier en cette rencontre, il mourut des suites de ses blessures.

3. Imbert de la Platière, seigneur de Bourdillon, chevalier de l'Ordre, lieutenant général de Champagne, créé maréchal de camp en 1552, maréchal de France en 1562.

4. Ces lettres du cardinal de Bourbon n'ont pas été transcrites aux Registres.

5. A ce sujet, voyez à l'art. VIII ci-dessus.

6. Antoine de Bourbon (1518-1562), duc de Vendôme, gouverneur de Picardie, roi de Navarre (1555).

7. Au Registre B : *depuis le..... qu'il me manda*. La date, non indiquée dans A et restée en blanc dans B, est antérieure au 5 novembre, jour de la reddition de Hesdin.

8. Il y a un nouveau blanc en cet endroit du Registre B, où ce passage est ainsi conçu : *je n'espere que..... pour et honte et dommaige pour mes ennemys*.

« Priant Dieu, mon Cousin, qu'il vous ayt en sa saincte garde.
« Escript à Reins, le vi° jour de Novembre v° LII.
Signé : « HENRY. »

« BOURDIN. »

Et au-dessus :
A mon Cousin le Cardinal de Bourbon.

LETTRES DE MONSEIGNEUR LE CONNESTABLE
A MONS. LE CARDINAL DE BOURBON[1].

6 novembre.

« Monsr, je suis merry que l'occasion de ceste despesche se soit offerte telle que vous verrez, par ce que le Roy vous en escript ; mais les evenemens de la guerre si incertains est jeu, comme vous savez, où l'on ne se tient point asseuré de tousjours gaigner. Je loue Dieu de quoy la perte a esté beaucoup plus petite que l'on ne penseroit, y ayans esté prins prisonnier mons^r d'Aumalle et le s^r de Rohan, que le reste (sic), comme vous povez juger, que moy et tous les serviteurs du Roy doibvent faire.

« Il m'a semblé bien necessaire de le fere entendre à Messrs de la Court de Parlement et aux Prevost des Marchans et Eschevins de la ville de Paris. Et, à fin qu'ilz sachent comme il en va à la verité, avant qu'ilz soient abreuvez de mensonges, ainsy que ceste ville là en est ordinairement plenne, je ne fauldray, ainsi que toutes choses succederont, de vous en donner advis pour ordinairement leur en departir.

« Me recommandant, Monsr, trés humblement à vostre bonne grace, et priant Dieu qu'il vous doint bonne et longue vie.

« De Raims, ce vi° Novembre M v° LII.

« Vostre humble serviteur,

« MONTMORENCY. »

XII. — LETTRES ENVOYÉES AU ROY PAR LA VILLE DE PARIS[2].

8 novembre 1552. (Reg. H 1782, fol. 46 r°; Reg. H 1783, fol. 19 v°.)

Incontinent lesd. lettres veues entendues par Monsr le Prevost des

---

1. Le Registre A donne seulement à la rubrique : *Lettres de Monseigneur le Connestable.*
2. Rubrique empruntée au Registre A.

Marchans, il a escript au Roy et à Monseigneur le Connestable lettres dont la teneur ensuit[1] :

Au Roy.

Le début de la réponse du Bureau est relatif à la question des trafiquants flamands, dont la solution est remise au cardinal de Bourbon.

« Ledict Sr [le Cardinal de Bourbon] nous a communicqué les lettres qu'il vous a pleu lui escripre en datte du vi{e} jour de ce moys, le contenu desquelles nous avons faict entendre à ceulx qui en pourront parlé, et faict entendre tout le discours[2] partout où besoing en sera pour effacer le bruit qui auroit peu courir au contraire de la verité et de ce qui est porté par le contenu de vosd. lettres, vous asseurant de la bonne devotion et affection de tous les habitants de ceste ville qui desirent sur toutes choses demourer en vostre bonne grace et en ceste bonne grace et oppinyon en laquelle il vous a pleu les prandre et avoir, vous supplyans trés humblement de les y voulloir maintenir.

« Sire, nous prions le Createur vous donner sa grace, et en santé trés longue et trés heureuse vie.

« A Paris, ce ixe jour de Novembre mil v{c} lii.

« Voz trés humbles et trés obeissans subjectz et serviteurs,

« Les Prevost des Marchans et Eschevins de vostre ville de Paris. »

XIII. — Lettres a Monseigneur le Connestable.

9 novembre 1552. (Reg. H 1782, fol. 46 v°.)

Dans le Registre A (H 1783, fol. 19 v°), ce document est l'objet d'une simple mention ainsi conçue : *Cedict jour, mesd. Sieurs ont escript pareilles lettres en substance que les dessusd. à Monseigneur le Connestable*. En effet, cette missive commence par traiter de l'affaire des trafiquants flamands, puis s'occupe de la construction du boulevard de pierre près de la poterne de la Bastille, et se termine par les considérations suivantes sur l'état moral de la population de Paris.

« Mond. sr le Cardinal nous a ce jourd'huy monstré lettres que le Roy lui avoit escriptes, en datte du vi{e} jour de ce moys. Nous n'avons rien obmis de ce que nous avons deu faire pour nostre acquict et descharge, conformement au bon vouloir et intention du Roy, à quoy nous ne fauldrons tousjours à nous conformer comme ceulx qui desirent estre et demeurer ses trés humbles, trés obeyssans et trés

---

1. Leçon du Registre A : *Cedict jour, Monsr le Prevost des Marchans escript une lettres au Roy, dont la teneur ensuit.*
2. Leçon variante de A : *pour le communiquer partout où*..

affectionnés subjects. Nous ne povons pas faire que à une ville si grande et de telle liberté, qu'il n'y ait aussy grande liberté aux langues et propos, et que chascun n'en preigne pars où bon luy semble ; mais en tout ce qu'il nous sera possible, nous nous efforcerons et mettrons peyne que les choses seront entretenues et à la vérité, suyvant ce qu'il a pleu au Roy en avoir escript, et que ses parolles ligieres et oysives ne soient si aisement et facilement dispercées.

« Monseigneur, après nous estre trés humblement recommandez à vostre bonne grace, nous prirons nostre Createur vous donner sa grace et en parfaicte santé bonne vie et longue.

« De Paris, ce ixe jour de Novembre v^c LII.

« Voz trés humbles obeyssans serviteurs,

« Les Prevost des Marchans et Eschevins de la ville de Paris. »

XIV. — Assemblée generalle en la Grande Salle.

24 novembre 1552. (Reg. H 1783, fol. 23 r°; Reg. H 1782, fol. 52 v°.)

Du jeudi xxiiiie jour de Novembre v^c LII.

En Assemblée le jourd'huy faicte, en l'Ostel de la ville de Paris, de Messrs les Prevost des marchans, Eschevins, Conseillers, Quarteniers, et quatre notables bourgeois de chascun quartier, pour oyr la lecture de certaines lettres missives du Roy apportées par mons^r de Longchamp, son conseiller et maistre d'Hostel ordinaire, portant creance sur led. s^r de Longchamp [1]; en laquelle sont comparuz en la Grande Salle de l'Hostel d'icelle Ville, c'est assavoir :

Monsr m^e Christofle de Thou, Prevost des Marchans;

Monsr m^e Guy Lormier, sires Robert Des Prez, Thomas Le Lorrain, Jehan de Breda : Eschevins ;

Monsr le president Luillier [de Boulencourt], d'Athis Violle, Du Drac, de Charmeau, de Montmirel, Le Comte, Vivyen, Paluau, de Livres, de Jumeauville, Du Saulsay, et [m^e Thomas] de Bragelongne : tous Conseillers de lad. Ville ;

Sires Jehan Basannier, Maciot, Godeffroy, Danetz, Gohory, Pellerin, Hac, Boucher, Paulmier, Parfaict, L'Escallopier, Des Prez : Quarteniers de lad. Ville ;

Et quatre notables bourgeois de chascun quartier.

A laquelle Assemblée est comparu led. s^r de Longchamp ; et après lecture faicte desd. lettres, led. seigneur de Longchamp a exposé sa creance ainsi qu'il ensuit.

---

1. Ces lettres de créance, datées du 17 novembre, et remises au Bureau le 22, sont rapportées dans le IVe volume imprimé des *Délibérations du Bureau de la Ville*, art. CV.

MEMOIRE ENVOYÉ PAR LE ROI A LA VILLE
PAR LE SEIGNEUR DE LONGCHAMP[1].

« Premierement, yra trouvé Monsr le Cardinal de Bourbon, auquel fera entendre que, encores que led. Sr ayt bien congneu que led. sr Cardinal, depuis son arrivée par delà, ayt mys toute la peine et usé de toute la plus grande dexterité qui luy a esté possible pour contenir ceulx de la ville de Paris, et les asseurer; neantmoyngs, ad ce qu'il a sceu, la perte de Hesdin[2] a amené parmi eulx ung tel effroy que secretement les principaux de lad. ville font retirer les plus precieuses choses qu'ils ayent : de quoy il pourroit advenir un plus grand desordre, congnoissant combien une ville composée de gens de tant de sortes et de si diverses humeurs y est subjecte;

« Joinct aussi que ceste deffience seroit cause que led. Sr se trouveroit, à ce moyen, court de secours et ayde qu'il doibt esperer de lad. Ville aux affaires que chascun voit qu'il a;

« Il a advisé despescher par delà, poursuivant l'advis dud. sr Cardinal et par son bon conseil, faire entendre aux gens de sa Court de Parlement et aussi aux Prevost des Marchans et Eschevins de lad. Ville, l'estat de ses affaires, et comme graces à Dieu ilz se portent de tous costez.

« Et après avoir presenté ced. memoire à mond. sr le Cardinal, yra trouver lesd. Prevost des Marchans et Eschevins, ausquelz il presentera les lettres que le Roy luy escript; et leur dira que led. Seigneur a différé jusques à cette heure à envoyer devers eulx pour les remercier de la bonne et grande demonstration qu'ilz ont faicte, comme ses bons et trés loyaulx subjectz, de eulx preparer et mettre en devoir de repoulser et resister aux entreprinses de ses ennemys, et de l'ordre qu'ilz avoient desjà commencé à donner pour gens prestz pour envoyer secourir les villes prochaines[3], monstrans par là combien ilz ont cher et à cueur le service dud. Sr, où il les a tousjours trouvez, et qu'il en est merveilleusement content et satisfaict, en ayant esté encores si bien et si fort informé par ce que luy en a dict et escript mond. sr le Cardinal, qu'il a occasion de les aymer plus qu'il

---

1. Les lignes que l'on vient de lire sont légèrement modifiées dans B : *A laquelle Assemblée lecture a esté faicte desd. lettres du Roy. Ce faict, le sr de Longchamp a exposé sa creance, qui est telle qui s'ensuit : Memoire au sr de Longchamp, conseiller et maistre d'hostel ordinaire du Roy, de ce qu'il aura à faire à Paris, où led. Sr l'envoye presentement.*
2. La prise de Hesdin eut lieu le 5 novembre.
3. Il s'agit ici des secours en hommes et en munitions que le Bureau avait fait préparer pour les villes de Senlis et de Compiègne; sur quoi voyez p. 8, note 1.

ne feist jamais. Aussi doibvent il estre asseurez qu'i le trouveront tousjours prest et appareillé de les favoriser, secourir et ayder de tout ce que Dieu a mys en sa puissance, jusques à exposer sa propre personne pour leur salut et protection ; qu'il scet bien ce qu'il doibt, et ce que ung prince doibt et est tenu faire, quant Dieu luy a faict tant de graces que de luy en donner de telz, et qu'il leur-fera congnoistre, quant il en sera besoing, combien il est vertueulx et magnanime.

« Que led. S^r a esté bien adverty que l'on a voullu mettre quelque peur parmy eulx, mesmement pour ceste perte de Hesdin, n'a gueres advenue ; mais qu'ilz se sont monstrez si constans et tant sages qu'ilz ont trés bien sceu pourveoir et remedier à rompre ce coup, et destourner ce bruyt pour tant mieulx contenir ce peuple.

« Et afin qu'ilz en ayent plus de moyen et faire entendre à ung chascun comme se portent ses affaires, il a bien voullu leur en faire part, et les advertir en premier lieu comme il a donné tel ordre à arrester l'Empereur devant Metz pour le y faire consommer, et qu'il espere, avec l'ayde de Dieu que de sa bonté et grace dont il espere toutes choses, qu'il sera contrainct s'en retourner avec trés grande honte et perte de ses gens qui diminuent à veue d'œil, les ungs mourans de fain, les autres ses soudars tuent et massacrent tous les jours à grant nombre, et les autres plus qu'i ne veult se viennent rendre et retirer à son service, congnoissant bien que led. Empereur a faict la plus folle et temeraire entreprinse que feist jamais prince, et de laquelle il n'a peu attendre que son entiere ruyne et confusion, ayant au demeurant led. S^r tellement pourveu aux autres places de sa nouvelle conqueste et autres de sesd. frontieres, qu'il seroit impossible à l'ennemy passer plus oultre.

« Tout le monde le scet bien comme il avoit pourveu lad. place de Hedin de quinze cens hommes de pied, cinquante hommes d'armes et de quatre ou cinq chefz de personnages experimentez et dont il avoit asseurance ; mais se sont tant oubliez qu'ils l'ont rendue aussi pauvrement qu'on sauroit penser, chose qui ne passera sans dissimulation ; et que voyant cela, et l'Empereur ataché à Metz comme il est, il a desliberé faire marcher la plus grande partie de ses forces en Picardie, pour luy mesme aller par avanture essayer de le recouvrer, et y faire tel effort qu'il espere en avoir bonne yssue pour le moings, ne penssant point se retourner sans avoir la revanche du mal que sesd. ennemys ont faict à ses pauvres subgetz, dont il n'a moings de regret que de pitié ; et fera en sorte que si lesd. habitans ont en ung pied de courage et de volunté, ilz auront occasion d'en prandre une brassée, voyant lesd. ennemys chastiez comme ilz seront, s'i se presentent en la frontiere si bien fournye et pourveue que led. S^r la laissera de tous costez, de maniere qu'ilz n'auront lieu d'entrer à aucune crainte ou frayeur desd. ennemys ; les priant trés affectueusement de sa part qu'ilz veullent tenir le peuple adverti de ce que dessus, et pourveoir à toutes occasions dessus, en eulx asseurant qu'ilz ne sauroient jamais voir moings de danger et moings aparent qu'il ne vueille encourir une mesme fortune avec eulx, et n'y espargner sa propre vie comme avec ses meilleurs et plus chers subjectz.

« Qu'il ne sauroit trouver que bon qu'ilz regardent de bonne heure les moyens qu'ilz ont en lad. ville, s'il survenoit ung danger, et que c'est sagement et prudemment faict. Touteffoys, il luy semble meilleur que ces choses là se facent sans grande ostantation, qui ne peuvent estre, comme ilz sçavent, cachez aux estrangers mesmes et trainent une grande consequence : chose qu'il desire que l'on mette en consideration.

REMONSTRANCES A LA COURT DE PARLEMENT.

« Ira semblablement à la Court de Parlement, ausquelz il dira semblablement, et leur fera pareille remonstrance comme devant de ses affaires, les priant que de leur part ilz tiennent la main à faire que le peuple se contienne en paix et hors de tumulte, et y ayent l'oeil pour obvier aux inconveniens qui y pendent, leur recordant de la grande fiance que le Roy a en eulx et leur prudence, avec assseurance que led. S^r ne obmect riens de ce qui apartient à ung grant, sage et advisé prince, pour destruire les deceins et entreprinses de sond. ennemy, où il y a tel commencement qu'il se treuve bien loing de son compte.

« Faict à Chaslons, le xviie jour de Novembre mil v^c lii.

Signé : « HENRY. »

« DE L'AUBESPINE. »

A la date de cet art. (24 novembre) s'arrête la série des nouvelles du siège de Metz communiquées directement au Bureau. Soit que le Connétable, pressé par les événements, n'ait plus adressé de messages, soit (ce qui est moins probable) que le greffier ait négligé de transcrire ceux qu'il aurait reçus, les Registres n'offrent rien sur ce sujet depuis la fin de novembre jusqu'aux premiers jours de janvier, où l'heureuse issue du siège fut connue à Paris et célébrée par des fêtes solennelles.

XV. — SEMONCE POUR REMETTRE LES CORPS SAINCTZ[1].

2 janvier 1553. (Reg. H 1783, fol. 31 v°; Reg. H 1782, fol. 73 v°.)

Du [lundi] iie jour de Janvier mil v^c lii.

Ce jourd'huy est venu au Bureau de l'Hostel de la ville de Paris,

---

1. Rubrique de B : *Semonce pour remonster les Corps Sainctz*. Le texte de ce Registre présente quelques légères variantes avec celui de A; outre celles qui sont enfermées entre crochets, nous relevons l'emploi du terme *monastère* pour son synonyme *abbaye*.

où estoient Messrs les Eschevins, ung religieulx de l'abbaye Sainct Denis en France; lequel, après les avoir salué, leur a declairé qu'il estoit envoyé exprès de la part du Prieur dud. monastere[1] pour leur annoncer que mercredy prochain l'on doit remonster les Corps Sainctz[2], où le Roy sera en personne; les suppliant au nom dud. Prieur eulx y voulloir trouver et assister, [si leur plaisir est]. Lequel religieulx mesd. Srs ont bien fort mercyé.

XVI. — Lettres du Roy pour remettre lesd. Corps Sainctz[3].

2 janvier 1553. (Reg. H 1783, fol. 31 v°; Reg. H 1782, fol. 73 v°.)

Et à l'instant ont receu lettres du Roy [à eulx adressantes pour cest effect], dont la teneur ensuit :

1er janvier.

De par le Roy.

« Trés chers et bien amez, nous avons deliberé en rendant graces à Nostre Seigneur, de l'heureux et prospere succès qu'il lui a pleu donner ceste année à nos affaires[4], remettre en repos, passans à Sainct Denis, les Corps Sainctz; et pour cest effect nous y trouver et rendre, mercredy prochain, au matin de bonne heure; de quoy nous n'avons voullu faillir à vous advertir, vous priant à ceste cause ne faillir aussi à vous y trouver, ainsi que vous avez acoustumé faire, pour assister à lad. ceremonye et remercier Dieu de vostre part, comme tous noz bons et loyaulx subjectz doivent faire, du bien et faveur qu'il luy a

---

1. Le grand prieur de Saint-Denys (dont le cardinal de Bourbon était abbé) était alors Jean IV Doc, qui venait d'être élevé au siège épiscopal de Laon. — Le moine député près du Bureau s'appelait frère Jean Pichonnat (Dom Félibien, t. IV, Preuves, p. 758).

2. La cérémonie de la descente et de la remise des reliques du trésor de l'abbaye de Saint-Denys s'accomplissait le plus souvent pour célébrer l'heureuse issue d'une campagne et le retour du roi victorieux (Dom Félibien, t. I, p. 153). Elle était entourée de la pompe la plus solennelle. Elle apparaît pour la première fois dans les Registres en l'année 1537 (Reg. H 1779, fol. 254) et se répète à diverses occasions ès années 1538 et suivantes. La dernière mention qui en soit faite antérieurement à la date de notre article se rapporte à la solennité du 8 janvier 1549, dont la relation, contenue au Reg. H 1781, fol. 125 v° et suivants, donne des détails très intéressants.

3. Le Reg. B donne en rubrique : *Lettres du Roy touchant les Corps Sainctz*.

4. Le Roi fait allusion aux résultats de sa campagne de Lorraine et des Trois-Évêchés, et plus particulièrement à la glorieuse défense de Metz contre Charles-Quint, qui, à cette date même, levait le camp après un siège de deux mois et demi.

pleu faire à nous et à nostre Royaulme, d'avoir donné tant d'heur et facilité à nosd. affaires.

« Donné à Chantilly, le premier jour de Janvier mil v^c lii.

Signé : « HENRY.

« De L'Aubespine. »

XVII. — L'ordre tenu a remettre les Corps Sainctz[1].

4 janvier 1553. (Reg. H 1783, fol. 32 r°; Reg. H 1782, fol. 74 v°.)

Du mercredi iiiie jour de Janvier ensuivant v^c lii.

Au jourd'huy, mess^{rs} les Echevins sont allez trouver mons^r le Prevost des Marchans en son hostel, duquel lieu sont partiz ensemblement, environ les sept heures du matin en habitz des champs, pour aller à Sainct Denis en France assister à la solempnité qui se fera cedict jour à remonster les Corps Sainctz, suivant le mandement du Roy, et où led. Seigneur estoit en personne.

Eulx arryvez à Sainct Denis, sont allez descendre en la maison du Greffier qui avoit esté retenue pour eulx; auquel lieu se sont vestuz de leurs robbes my parties, les Sergens de la Marchandise de l'Eaue et du Parlouer aux Bourgeoys de leurs robbes de livrée et navire d'orfaverye sur l'espaulle, avec quelque nombre d'archers et arbalestriers, [et hacquebutiers de ladicte Ville] aussi vestuz de leurs hocquetons de livrée, marchans devant mesd. S^{rs}, acompaignez de Messrs les Conseillers, Quarteniers et d'ung bon nombre de bourgeois, sont entrez en l'eglise Sainct Denis, en laquelle par le maistre des Ceremonies leur a esté baillé leurs places; et se sont assis au premier cueur, aux haultes chaizes du costé senestre vers la fin dud. cueur;

Au dessus de eulx, les generaulx de la Justice des Aydes; et après lesd. generaulx, mess^{rs} des Comptes;

Aux basses chaizes, mess^{rs} les Conseillers, Quarteniers et bourgeoys de lad. Ville;

Au costé dextre du cueur, aux haultes chaizes à l'opposite de Messrs de la Ville, estoit le Recteur de l'Université et ses suppostz[2];

Et après eulx, mess^{rs} de la Court de Parlement vestuz de leurs robbes d'escalatte, les quatre presidens leurs mortiers d'or en leurs testes;

Au dessus d'eulx, en la derniere chaize prochaine de l'issue du

---

1. Rubrique de B : *L'ordre que l'on tint à remonster les Corps Sainctz.*

2. Le Registre B offre ici un développement intéressant : ... *le Recteur et Université où se trouverent plusieurs docteurs tant de la faculté de Theologie que de Medecine, entre autres noz maistres Maillart et Picart.*

cueur, estoit messire Jehan Bertrand, chevalier, garde des Sceaulx de France[1], vestu d'une robbe de velours noir ;

Aux basses chaizes de ce rencq, les gens d'eglise et bedeaulx du Recteur, garniz de leurs masses d'argent.

Le trés chrestien Roy Henry avec sa noblesse estoit dedans le second cueur où sont les sepulchres des Roys.

Ainsi que ces choses se ordonnoient[2], estans trois presidens des generaulx de la Justice des Aydes assiz en leurs places et vestuz de robbes d'escarlattes, portans sur l'espaulle le chapperon fourré de lettices, chose nouvelle et inacoustumée, et que messrs de la Court de Parlement n'auroient voullu souffrir ; par quoy auroit lad. Court envoyé ung huissier vers eulx leur signiffier qu'ilz eussent à oster leursd. chapperons comme à eulx impertinans : ce qu'i feurent reffusans de faire.

De rechef lad. Court leur envoya signiffier qu'ilz eussent à les oster, en peyne de dix mil livres parisis d'amende, dont ilz ne feirent pas grand compte ; mais depputerent aucuns d'eulx pour aller vers le Roy pour luy demander congé et permission de porter lesd. chapperons fourrez ; qui leur fut donné pour ceste foys, soubz leur donner à entendre.

Quoy sachant par lad. Court de Parlement, envoya [vers led. seigneur Roy] le Procureur General du Roy [et Advocat] en icelle par devers led. Sr luy faire remonstrance qu'il n'appartenoit ausd. Generaulx de porter robbe d'escarlatte et chapperons fourrez, et que jamais leurs predecesseurs ne l'avoient voullu entreprandre ; et qu'il n'appartenoit que à la souveraine Court de Parlement qui estoit son ymage et representation, et creez par st Charlemaigne à l'exemple des cent senateurs de Romme, de porter lesd. robbes d'escarlatte et chapperons fourrez, pour les significations d'iceulx habitz expliquez bien au long aud. Sr ; et que à ceste cause son plaisir feust en ordonner.

---

1. Jean Bertrand, fils d'un procureur général au Parlement de Toulouse, où il fut lui-même premier président (1536) avant d'être appelé à Paris par la faveur du connétable de Montmorency. Premier président du Parlement de Paris (1550), garde des sceaux (22 mai 1551), il résigna ses fonctions après la mort de sa femme pour entrer dans les ordres. Il fut successivement pourvu de l'évêché de Saint-Bertrand de Comminges (1556), de l'archevêché de Sens et du titre cardinalice. Il mourut à Venise le 4 décembre 1560. — Son fils, Guillaume Bertrand, conseiller au Grand Conseil et maître des Requêtes, périt à la Saint-Barthélemy.

2. En marge de ce passage, on lit ces diverses rubriques : A) *Les generaulx de la Justice portans robbes d'escarlate et chaperons fourrez*. — B) *Deffenses aux generaulx de ne porter chaperons d'escalate*.

Le Roy nostred. Sire, après avoir prins conseil et advis de plusieurs grans s^{rs} et princes de son sang et des gens de son Conseil privé, auroit ordonné que lad. Court de Parlement y pourvoiroit selon ce qu'elle verroit bon estre.

Suyvant laquelle ordonnance, lad. Court auroit ordonné auxd. generaulx de oster leurs chapperons, en peyne de II M. livres parisis d'amende à chascun sans deport; non obstant leur donne à entendre, ce qui leur fut *iterum* signifié par ung huissier de lad. Court, auquel ilz reffuserent obeyr comme devant. Par quoy lad. Court de Parlement envoya pour seconde foys les gens du Roy par devers led. S^r pour luy faire entendre le contempnement de son voulloir par lesd. Generaulx. Lequel incontinent envoya vers eulx le seigneur de Lesigny Pierre Vive, m^e des Ceremonyes, qui leur dit que le Roy leur mandoit et ordonnoit qu'ilz ostassent leurs chapperons suyvant l'arrest de sa Court de Parlement, les priant voulloir ce faire; leur remonstrant que, s'ilz n'obeyssoient, seroient cause de grand scandalle; et que à leur reffuz, il les sommoit de venir presentement parler au Roy : ce qu'ilz firent.

Et led. S^r, après les avoir enstenduz et nonobstant leurs raisons [1] [et leurs remonstrances qu'i luy peuvent faire], sachant que depuis peu de temps ilz avoient eslevé leur estat et osé entreprandre porter lesd. chapperons fourrez, voullans avoir pareille auctorité que la Court souveraine de Parlement; pour cesser leur differend, sauf à informer plus amplement du droict desd. Generaulx, le Roy, par provision, leur feist laisser en sa possession lesd. chapperons [2].

Toutes ces choses mises en bonne ordre par le m^e des Ceremonyes, fut commencé lad. procession en l'ordre qui ensuit.

L'ORDRE DE LA PROCESSION [3].

Premierement marchoient les religieulx de St Denis, après leur croix que portoit devant eulx l'un desd. religieulx;

Après eulx, les Evesques portans les Corps Sainctz [4];

---

1. En marge de ce passage, le Reg. A donne la rubrique suivante : *Les chapperons fourrez laissez par messieurs les generaulx.*
2. Toute cette discussion est légèrement modifiée et écourtée dans le Registre B, dont la leçon nous a fourni quelques bonnes additions intercalées entre crochets dans notre texte. — Dom Félibien a publié (*Histoire de la ville de Paris*, t. IV, Preuves, p. 759) la relation de cet incident d'étiquette, d'après la rédaction du greffier du Parlement.
3. Rubrique empruntée au Reg. B.
4. D'après le Registre du Parlement cité par Dom Félibien (*Ibid.*, p. 760), la première châsse était portée par les évêques de Chartres et de Clermont, la seconde par les archevêques de Tours et d'Arles, et la troisième, qui était la châsse de saint Denys, par les archevêques d'Alby et de Vienne.

— 26 —

Après eulx, les Prelatz et Cardinaulx vestuz de robbes de soye et leurs roquetz par dessus [1] ;

Après, les heraulx du Roy vestuz de leurs cottes d'armes, qui marchoient deux à deux ;

Après eux, marchoit le Prince de Ferrare [2], portant en sa main dextre le sceptre royal qui est le baston florissant signiffiant la magnificence et triumphe d'ung Roy ;

Après, marchoit Monseigneur de Montpensier [3] portant la main de justice, qui nous denote que le Roy ayme, garde et faict garder justice, voit equité devant sa face, determinant par voye de droict de la cause de ses subgectz, rendant à ung chascun ce qui luy apartient ;

Après luy, marchoit Monseigneur de Nemours [4], portant sur ung oreiller de velours la couronne Royalle enrichie de diverses gemmes et pierres precieuses, environnée des nobles fleurs de lys, par laquelle nous entendons Majesté du Roy trés chrestien s'eslever et florir par dessus tout son peuple et tous les roys de la Chrestienté ;

Après, marchoit Monseigneur le duc de Montmorancy, pair et Connestable de France [5], portant l'espée d'armes nue au poing, eslevée devant la face du Roy, qui nous faict entendre à quoy consiste la force et puissance que Dieu a donnée au Roy pour tirer l'espée à l'encontre de malice et de ses ennemys, persecutant par icelle les

---

1. Indépendamment des prélats qui viennent d'être nommés, assistaient à la cérémonie les évêques de Rieux, de Gap, de Mâcon, de Saint-Brieuc, de Lombez, d'Orléans et d'Amiens, ces deux derniers prélats accompagnant les cardinaux et l'ambassadeur de Ferrare (Dom Félibien, *ibid.*).

2. Hercule II d'Este, duc de Ferrare, avait épousé le 21 juin 1558 Renée de France, fille de Louis XII et de Anne de Bretagne.

3. Le mot *Montpensier* est resté en blanc dans le Reg. B, qui termine ce paragraphe avec les mots *ses subjectz*. — Louis de Bourbon, dauphin d'Auvergne, de la branche des princes de la Roche-sur-Yon (1513-1582), fils de Louis de Bourbon et de Louise de Bourbon, sœur du Connétable. Le comté de Montpensier, qui avait été réuni à la couronne en 1532, fut donné à Louis de Bourbon en 1539 et érigé alors en duché-pairie.

4. Monseigneur de Nemours : Jacques de Savoye (1531-1585) avait épousé Jeanne d'Este, fille de Hercule II d'Este et de Renée de France, et veuve de François de Lorraine duc de Guise. Le duché de Nemours était entré dans cette branche de la maison de Savoye par le don qu'en avait fait François Ier en 1528 à Philippe, comte de Genevois, son oncle comme frère du second lit de la comtesse d'Angoulême, Louise de Savoye, sa mère. — Le mot *Nemours* est resté en blanc dans le Reg. B, alors qu'au Reg. A il a été ajouté après coup en surligne ; mais c'est sans doute une erreur au lieu de *Meru ;* voy. la note 1 de la page suivante.

5. Le Connétable de Montmorency : Anne, baron puis premier duc de Montmorency (1492-1567), fils de Guillaume et de Anne Pot, dame de la Roche-Pot en Bourgogne, connétable de France en 1538.

mauvais et iniques, delivrant [les pupilles] les vefves et orphelins de la main de ceulx qui les oppressent, et maintenant justice en liberté[1];

Après, marchoit le Roy trés chrestien, vestu d'une robbe de velours fourrée de louservier, la toque de velours noir garnye d'une plume blanche en la teste ; et estoit acompaigné de plusieurs barons, chevaliers et gentilzhommes de sa Court;

Après, suyvoit la Court de Parlement, vestuz comme dessus, en bon ordre ;

A costé de lad. Court, messrs des Comptes ;

Après lad. Court, les generaulx de la Justice des Aydes ;

Après, messrs les Prevost des Marchans, Eschevins, Conseillers, Quarteniers et bourgeois de ceste Ville, acompaignez de leurs sergens et archers, comme il est dit cy dessus ;

A costé et au dessà de lad. Ville, le Recteur de l'Université avec ses suppostz.

Lad. procession finye, qui se feist à l'entour du cloistre dud. monastere, fut la messe solempnellement chantée par les chantres du Roy ; et faisoit l'office monsr l'Evesque de Paris, l'abbé de St Magloire le diacre, et l'abbé de Ste Geneviefve le soubz diacre[2].

Après lad. messe dicte et celebrée, le Roy s'en alla vers le sepulchre et monument du feu roy Françoys son pere, et luy aspergea de l'eaue benoiste, se prosterna les genoulx en terre et feist devotement à Dieu son oraison, luy rendit grace de l'heureux et prospere succès qu'i luy avoit pleu donner ceste année [à ses affaires]. Lors vint le maistre des Ceremonyes qui luy presenta et mist sur son chef sa couronne royalle, et en sa main dextre le sceptre, et en la main senestre la main de justice ; et en cest ordre monta les degrez, suyvant les Corps Sainctz, et en grande reverence et humilité les remist et posa en leur lieu acoustumé. Lors cesserent toutes les ceremonyes, et s'en retourna chascun en son logis pour illec prandre reffection.

Après le disner, messrs les Prevost des Marchans et Eschevins vestuz de leurs robbes my parties, acompaignez de leur suitte [messieurs les Conseillers, Quarteniers et bourgeoys de ladicte Ville, et devant eulx les sergens et archers d'icelle Ville], sont allez au logis du Roy où ont trouvé la Court de Parlement, plusieurs Ambassadeurs et grans

---

1. La relation du greffier du Parlement, beaucoup moins développée que la nôtre, ne suit pas le même ordre dans la série et le nom des grands officiers, porteurs des insignes royaux, qu'il expose comme suit : *Le duc de Montmorency, connestable de France, portant l'espée nue ; le seigneur de Meru, fils dudict seigneur de Montmorency, portant la main de justice ; le prince de Ferrare portant le sceptre ; le duc de Montpensier portant la couronne sur un orillet de drap d'or.* (Ibid., ibid.)

2. Les mots *l'abbé de Sainte Genevieve* manquent au Reg. B.

Seigneurs[1] ; en la presence desquelz mesd. S^rs se sont prosternez un genoul en terre devant la Majesté Royalle, et luy a dit mond. s^r le Prevost des Marchans ce qui en suit.

HARANGUE FAICTE AU ROY [PAR MONSIEUR LE PREVOST DES MARCHANS].

Sire,

« La Majesté des Roys est venue par Honneur et Reverence ; Honneur et Reverence furent conjoinctz ensemble.

« De cette conjonction est yssue Majesté, qui fut grande dès l'instant mesmes de sa naissance.

>..........*Honor et Reverentia quondam*
>*Corpora legitimis imposuere thoris.*
>*Hinc sata Majestas*..........
>*Que quo primum est edita tempore magna fuit*[2].

Sire,

« Les citoyens, bourgeois et habitans de vostre ville de Paris, voz trés humbles, trés obeyssans, trés affectionnez, trés loyaulx et fidelles subgectz en tout honneur, reverence, humilité et obeyssance meslée avec crainte et tremeur non servile, mais filialle, dont s'entend ce qui est escript : *Servite Domino in timore et exultate ei cum tremore*, vous saluent par nous, Prevost des Marchans et Eschevins, louent Dieu et luy rendent graces tant grandes que faire peuvent, de ce qu'i luy a pleu vous conduire et raconduire, mener et ramener par deçà en bonne prosperité et santé pour laquelle ilz ont faict, font et feront perpetuellement et incessamment veuz, prieres et supplications qui redoubleront en vostre absence pour doubte et craintte de vostre personne, qui est la chose la plus digne, la plus chaire, la plus precieuse qu'ilz ayent en ce monde.

>*Vota metu duplicant matres,*

disoit Virgile ; j'entends avoir parlé de vostre absence corporelle, car en l'esperit vous nous estes et serez tousjours present, et quelque part que vous soyez ou puissiez estre, *illic et animis et oculis presentes*

---

1. Leçon de B : *où se sont trouvez Messieurs du Parlement et plusieurs grans seigneurs, tant ambassadeurs estrangers que aultres, de la Court dudict Seigneur.*

2. Les citations latines dont cette harangue est farcie, selon le goût du temps, sont quelque peu estropiées ou appropriées au sujet; c'est ainsi que, dans le vers de Virgile : *Imperium Oceano...*, le pronom *tibi* s'appliquant au Roi remplace le pronom *qui* du poète latin. — La première de ces citations, qui est aussi la plus considérable, mérite seule la peine d'être rectifiée ; elle est empruntée au livre V des *Fastes* d'Ovide :

>*Donec Honor placidoque decens Reverentia vultu*
>*Corpora legitimis imposuere toris,*

sumus, adeo mentes omnium tenes unus, ainsi qu'il est plus que raisonnable.

Pro tanto quid sint improba vota Deo?

Sire,

« Vous faisant par nous en vostre tant desiré retour que impossible seroit de povoir assez exprimer la congratulation acoustumée estre faicte de bonne, louable et ancienne coustume, nous ne vous povons faire offre sinon de ce qui est vostre et plus que vostre, de noz personnes, de noz biens, de ce qui est en nostre aisance et puissance; et si tant estoit qu'il vous pleust prendre la peyne de nous commander, obeyssans à voz bons commandemens, nous prandrions à grant heur et pour grande felicité de faire ou povoir faire chose qui fut ou peust estre agreable à Dieu premierement, acceptable à vous, et prouffitable à vostre chose publique.

Sire,

« Nous avons seullement deux petites requestes à vous faire : l'une ad ce qu'il vous plaise nous permettre et trouver bon ce que, autrement et cessant vostre permission, pourroit estre de mauvaise grace, c'est que arrivant en vostre ville de Paris qui est vostre maison, vostre habitacion, vostre principal domicille, le trosne, le lieu, le siege de vostre Majesté, nous vous puissions dire que vous soyez et serez le plus que bienvenu; et en cela de l'abondance du cueur la bouche parle, car je vous puis dire pour verité, et le congnoistrez ainsi par effect que, *ab Urbe condita* et depuis que la Ville est faicte, oncques Roy n'arriva et n'entra en plus grande attente, desir et expectation de son peuple que vous serez. Vous povez arriver à toutes heures de jour, de nuyt, tost, tard; mais vous n'arriverez jamais si tart et ne sera point la nuyt tant obscure que vostre venue, vostre arrivée n'apporte une grande clarté, une grande lumiere à tout vostre peuple. Doncques je vous diray :

Jam, princeps, vel nocte veni, sint astra : lucebit;
Non deerit populo, te veniente, dies.

« Il est au jourd'huy jour feryé; si est ce que vostre arrivée fera grande et solempnelle feste :

Addet et ad festos hunc[1] quoque terra diem.

Sire,

« Je vous diray enfin : Dieu soit et demeure avec vous et vous tienne en sa saincte garde, et vous et tout ce que vous aymez.

Hinc sata Majestas, quæ mundum temperat omnem,
Quaque die partu est edita, magna fuit.

— Quant aux deux citations tirées de l'Écriture Sainte, elles appartiennent toutes deux au Psautier : *Servite Domino...* Ps. II, 11 ; et *Dominus custodiet...* Ps. CXX, 8.

1. Au Registre : *hinc.*

Dominus custodiat introitum tuum et exitum tuum, ex hoc nunc et usque in seculum.

« Au demeurant,
Imperium Occeano, famam Tibi terminet astris.
Sire,
« J'ay dict. »

LE ROY ENTRE A PARIS A SON RETOUR D'ALLEMAIGNE.

Ce faict, se sont levez et prins congé reveremment du Roy et des Princes assistans, et incontinant montez à cheval sont allez attendre led. S^r à la porte Sainct Denis pour luy dire de rechef à l'entrée de lad. porte qu'il feust le plus que trés bienvenu; ce qu'ilz ont faict, et est entré led. S^r à lad. ville environ les trois heures de relevée, à son retour du voyage des Allemaignes.

XVIII. — [Mandemens aux Conseillers et Quarteniers.]
7 janvier 1553. (Reg. H 1782, fol. 77 v°; Reg. H 1783, fol. 35 r°.)

Du samedi viie jour de Janvier, an v^c lii.

Ce jourd'huy mess^{rs} Prevost des Marchans et Eschevins estantz advertiz et semons à la procession generalle qui se fera demain par le commandement du Roy et où led. Seigneur sera en personne pour louer Dieu et luy rendre graces de sa nouvelle queste[1], ont commander expedier et envoyer mandemens à Messrs les vingt quatre Conseillers et seize Quarteniers de ladicte Ville, dont la teneur ensuit :

« Monsr le President, plaise vous trouver demain à sept heures du matin en l'Hostel de ceste Ville pour nous acompagner à aller à la procession generalle qui se fera ledict jour par le Roy et ses Cours Souveraines. Et vous prions n'y vouloir faillir.

« Faict au Bureau de lad. Ville, le viie jour de Janvier l'an mil v^c lii.

« Les Prevost des Marchans et Eschevins de la Ville de Paris, tous vostres. »

De par les Prevost des Marchans et Eschevins de la Ville de Paris.

« Sire Jehan Bazannier, Quartenier de lad. Ville, appelez quatre notables personnes de vostre dict quartier, et soyez tous demain à sept heures du matin en l'Hostel de ceste Ville, pour nous acompaigner à aller à la procession generalle qui se fera led. jour par le Roy et ses Cours Souveraines; sy n'y faictes faulte.

« Faict au Bureau de ladicte Ville le viie jour de Janvier, l'an mil v^c lii.

Signé : « Bachelier[2]. »

---

1. La conquête des Trois-Évêchés assurée par la délivrance de Metz, dont Charles-Quint venait de lever le siège (1er janvier).

2. Tout cet article est succinctement résumé par le Registre A dans les

XIX. — Procession generalle ou assista le Roy[1].

8 janvier 1553. (Reg. H 1782, fol. 78 r°; Reg. H 1783, fol. 35 r°.)

Du Dimanche viiie jour de Janvier mil v^c lii.

Au jourd'huy, suyvant les mandemens le jour d'hier envoyez, mess^{rs} les Prevost des Marchans, Eschevins, Conseillers, Quarteniers et bourgeois de lad. Ville se sont trouvez en l'Ostel de ladicte Ville, lesquelz vestuz de leurs robbes my parties, accompaignez de messieurs les Conseillers, Quarteniers et d'ung nombre de bourgeois, sont partiz sur les huit heures du matin et sont allez à la Saincte Chappelle, où estoit le Roy, pour marcher en l'ordre ordonnée par le m^e des Ceremonies telle qui s'ensuit.

Après que toutes les parroisses, religions et ordres des quatre mandiens de lad. ville furent passez par devant le Roy qui regardoit l'ordre de lad. procession, marchoient les Suisses dud. Seigneur, deux à deux, portans leurs hallebardes sur l'espaulle et sonnans de leur tabour;

Après eulx, [les doyen] et channoynes de la Saincte Chappelle;

Après lesquelz marchoient les clerons et trompettes du Roy, sonnant haultement et melodieusement;

Après eulx, suyvoient les Evesques, Cardinaulx et Prelatz, vestuz de leurs rocquetz par dessus leurs robbes[2];

Après, lesd. Prelatz portans la Croix de Victoire;

Suyvoient après, portans la vraye Croix soubz un ciel de drap d'or figuré[3];

---

termes suivants. *Ce jourd'huy, messieurs les Prevost des Marchans et Eschevins estans advertiz et semondz de la procession generalle qui se devoit faire le landemain par le Roy et ses Cours souveraines, ont faict expedier mandemens aux Conseillers, Quarteniers et Bourgeois de lad. Ville, pour eux trouver demain sept heures du matin en l'Hostel de lad. Ville, pour les acompaigner à aller à lad. procession.*

1. Rubrique de A : *Procession solenpnelle faicte par le Roy*. — La relation de ce Registre est légèrement modifiée et plus succincte que celle du Registre B; néanmoins nous lui avons fait quelques emprunts, insérés entre crochets dans le texte du Reg. B.

2. Les prélats qui assistèrent à cette nouvelle cérémonie furent l'archevêque de Vienne, les évêques de Clermont, Chartres, Troyes, Mâcon, Gap, Lombez, Châlons, Orléans et Amiens, avec l'évêque de Paris pour célébrant; les cardinaux de Châtillon, Farnèse, de Lorraine, Du Bellay et de Lenoncourt (Dom Félibien, t. IV, Preuves, p. 761). La relation du greffier de la Ville ne fait pas mention des ambassadeurs des princes étrangers, que le registre du Parlement (*loc. cit.*) dénombre en cet ordre : *Les ambassadeurs du Pape, roy d'Angleterre, seigneurie de Veniꝫe, ducs de Ferrare et Mantoue.*

3. Pour ce paragraphe et le précédent, dont la rédaction semble altérée, le Reg. A donne la leçon suivante : *Après lesd. Prelatꝫ estoit portée la*

Après laquelle, soubz un autre ciel de drap d'or figuré se portoit la Couronne d'Espines [1];

Et après ledict ciel marchoit le seigneur......[2] portant en la main le sceptre roial;

Après luy, le seigneur de..........[2] portant la main de justice;

Et après, Monseigneur le duc de Montmorancy, pair et connestable de France, portant l'espée d'armes nue devant la face du Roy;

Et après lequel marchoit led. seigneur trés chrestien Roy, nostre Sire, vestu d'une robbe de velours noir, une tocaine de velours noir en la teste avec la plume blanche, portant en la main ung cierge blanc allumé;

La Roynne marchoit après luy, que l'on conduisoit et tenoit soubz les esselles [3], aussy tenant en sa main ung cierge blanc allumé;

Après eulx, plusieurs [princes, barons, chevaliers], gentilhommes et damoyselles aussi portans tous en la main ung cierge blanc allumé;

Après, la Court de Parlement marchoit, les quatre Presidens vestuz de leurs robbes d'escarlatte, leurs mortiers d'or en la teste;

A costé d'eulx, messrs des Comptes;

Après les Comptes, les generaulx de la Justice des Aydes;

Et après les generaulx, le Chastelet dont monsr Aubry, Lieutenant civil, estoit le premier [et tous les officiers du Roy du Chastelet de Paris];

[Après et] à costé de luy, de l'autre part de la rue et au dessoubz, estoit la Ville: messrs le Prevost des Marchans et Eschevins, Conseillers, Quarteniers et bourgeoys de lad. Ville, suyvant en tel ordre, entrerent en la grande eglise de Nostre Dame de Paris, en laquelle furent assis dedans le cuer en leurs places acoustumées [4].

Puis revindrent mesd. Srs disner en l'Ostel de lad. Ville.

Croix de Victoire. Suyvoient après eulx ceulx qui portoient la vraye Croix de nostre Redemption, etc.

1. Rédaction de A: *Après laquelle estoit porté le sainct Chappeau d'Espines de Nostre Seigneur soubz ung aultre ciel de drap d'or.*
2. Ce blanc existe aux Registres. — Les noms des grands officiers porteurs des insignes royaux, ainsi que leur rang d'étiquette, étaient sans doute les mêmes qu'à la précédente cérémonie de Saint-Denys; voyez aux pages ci-dessus 26 et 27.
3. Cette incise manque dans le Reg. A.
4. Rédaction de A: *... et bourgeois de lad. Ville, qui allerent en lad. ordre prandre leurs places acoustumées en l'eglise Nostre-Dame de Paris, où fut celebrée la messe solempnelle.*

Nogent-le-Rotrou, imprimerie DAUPELEY-GOUVERNEUR.

www.ingramcontent.com/pod-product-compliance
Lightning Source LLC
Chambersburg PA
CBHW061017050426
42453CB00009B/1487